ÉCOLE BOSSUET

INAUGURATION DU BUSTE

DE

M. L'ABBÉ THENON

FONDATEUR DE L'ÉCOLE BOSSUET

SOUS LA PRÉSIDENCE DE Mgr PERRAUD

ÉVÊQUE D'AUTUN, MEMBRE DE L'ACADÉMIE FRANÇAISE

PARIS

J. MERSCH, IMPRIMEUR-ÉDITEUR

91, RUE DENFERT-ROCHEREAU

1883

INAUGURATION DU BUSTE

DE

M. L'ABBÉ THENON

ÉCOLE BOSSUET

53, RUE MADAME

INAUGURATION DU BUSTE

DE

M. L'ABBÉ THENON

FONDATEUR DE L'ECOLE BOSSUET

SOUS LA PRÉSIDENCE DE Mgr PERRAUD

ÉVÊQUE D'AUTUN, MEMBRE DE L'ACADÉMIE FRANÇAISE

PARIS

J. MERSCH, IMPRIMEUR-ÉDITEUR

91, RUE DENFERT-ROCHEREAU

1883

INAUGURATION DU BUSTE

DE

M. L'ABBÉ THENON

Le dimanche 22 avril 1883, a eu lieu sous la présidence de Monseigneur Perraud, évêque d'Autun, membre de l'Académie française, l'inauguration solennelle du buste de M. l'abbé Thenon, fondateur de l'École Bossuet. Le buste, œuvre de M. Chapu, de l'Institut, se dressait devant l'estrade d'honneur, au milieu des palmiers et des fleurs. Autour de Monseigneur avaient pris place M. l'abbé Bieil et plusieurs autres directeurs du séminaire de Saint-Sulpice, M. l'abbé Cognat, curé de Notre-Dame des Champs, M. l'abbé Paguelle, supérieur du petit séminaire Saint-Nicolas, M. l'abbé Clément, directeur de l'École Fénelon, M. l'abbé de Lagarde, directeur du Collège Stanislas, M. l'abbé Nouvelle, directeur de l'Ecole Massillon, les Pères Lescœur, Largent, Lallemand, de l'Oratoire, M. l'abbé de Broglie et M. l'abbé Beurlier, professeurs à l'Institut catholique, une députation de l'Ecole des Carmes dont M. Thenon avait été autrefois supérieur,

M. Wallon, M. Egger, M. Baudrillart, M. Chapu, de l'Institut de France, M. Fustel de Coulanges, membre de l'Institut, directeur de l'Ecole normale supérieure, MM. Ollé-Laprune, maître de conférences à l'Ecole normale, MM. Hubault, Merlet, Boudhors, Marcou, Lehugeur, professeurs au Lycée Louis-le-Grand, M. Delsol, sénateur, M. Choppin, ancien directeur des établissements pénitentiaires, M. Loubers, avocat général à la cour d'appel, M. Jolly, juge d'instruction au tribunal de la Seine, M. Jamet, secrétaire au conseil d'État, M. le colonel Parison, M. Michel Cornudet. Autour du buste, d'anciens élèves, des Polytechniciens, des Saint-Cyriens, formaient comme une garde d'honneur ; la salle richement décorée était remplie par les élèves, les anciens élèves, les parents, les amis de M. Thenon.

A l'entrée de Monseigneur un orchestre a exécuté la marche funèbre de Chopin ; puis le voile qui recouvrait le buste a été enlevé.

Au début de la séance, M. l'abbé Raphanel, directeur de l'École Bossuet, a prononcé l'allocution suivante :

« Monseigneur,

« C'est à une fête de famille que nous vous avons convié. Autour de vous se pressent tous ceux que la reconnaissance ou l'amitié a attachés pour jamais à M. l'abbé Thenon : les élèves de cette école, les anciens élèves déjà bien nombreux, les familles des uns et des autres ; des amis fidèles, des camarades de collège qui viennent de nouveau saluer celui qui était leur rival heureux et toujours estimé ; des membres illustres de l'Université, fiers à bon droit d'avoir vu sortir de son sein cet homme de bien qui a eu le rare et glorieux privilège de réunir dans l'affection commune à sa personne des hommes de toutes les conditions et de toutes les opinions. L'Église à son tour, Monseigneur, veut honorer un de ses plus vaillants serviteurs, et vous venez aujourd'hui témoigner que M. l'abbé Thenon, homme de foi profonde et d'action courageuse, a bien mérité d'elle. Votre présence ici, Monseigneur, réhausse l'éclat de cette fête et lui donne toute sa signification. J'ai le devoir de vous adresser l'hommage de notre reconnaissance. Il y a deux jours, nous applaudissions avec les amis des bonnes lettres et de l'Église, les nobles paroles par lesquelles en racontant la vie d'un grand poéte vous saviez faire entendre avec tant d'autorité à notre pays de graves leçons. Aujourd'hui, heureux de posséder dans cette école le prélat sur qui la France entière a les yeux fixés, nous attendons de vous non plus l'éloge d'un homme qui a droit à l'estime et à l'admiration de ses concitoyens, mais la louange d'un père; et cette pensée produit en nous déjà une vive émotion.

« Car ce n'est pas un défunt que nous allons honorer ; c'est, laissez-moi le dire, un vivant. Oui, M. l'abbé Thenon vit dans le cœur de nous tous ; son esprit dirige encore cette École, le testament de son âme. Ne semble-t-il pas qu'il préside lui-même à cette cérémonie dont il est l'objet, à cette place où nous l'avons vu si souvent assis pour entendre les vœux de ses enfants, leur distribuer les récompenses scolaires ou assister à leurs dramatiques ébats? Tandis que d'autres, après le vain bruit de pompeux discours, quoique réputés illustres, ont été promptement oubliés, M. l'abbé Thenon qui n'a pas encore eu l'honneur d'un éloge public vit dans la mémoire de tous ceux qui l'ont connu.

« Aussi quand dans ses mystérieux et toujours adorables desseins Dieu nous l'eut enlevé, ça été le désir de tous qu'un lieu fût choisi où revivrait son image, lieu sacré, lieu de pèlerinage où l'on pourrait venir épancher son âme dans la prière. M. l'abbé Thenon avait été supérieur de l'École des Carmes; et lorsque après la guerre de 1871 il voulut consacrer le souvenir des élèves de cette École tombés glorieusement dans ces tristes combats, il fit graver leurs noms sur des plaques de marbre dans une des chapelles de l'église des Carmes. C'était comme une prise de possession de cette chapelle, et c'est là en effet que grâce à une bienveillante condescendance nous avons placé ce monument. Une souscription a été ouverte; elle n'est pas close encore et déjà nous avons pu exécuter d'importants travaux d'appropriation. Un architecte éminent, inspecteur des monuments historiques, M. Ruprich-Robert a présidé à cette décoration et je suis heureux de le remercier ici publiquement. J'associerai de suite dans le même sentiment de gratitude le nom d'un savant professeur, épigraphiste distingué, l'honneur de l'érudition française, M. Egger qui dans une élégante inscription latine a résumé les titres de M. l'abbé Thenon aux hommages de la postérité.

« Le cadre est préparé et attend son image. Cette image, Monseigneur, elle est devant vous. Je n'aurai certes pas la prétention de louer cette œuvre; pour le faire dignement, il faudrait une plume aussi habile que le ciseau qui l'a créée; et du reste, il n'y a plus à faire l'éloge de l'auteur de Jeanne d'Arc et de la statue de la Jeunesse. M. Chapu est un maître, et son magnifique talent, s'inspirant d'une vieille et chaude amitié nous a donné une œuvre égale à ses plus parfaites. Vous tous qui avez connu M. l'abbé Thenon, ne vous semble-t-il pas le voir revivre dans ce marbre que nous devons à la munificence de l'État, désireux de s'associer lui aussi à notre hommage? C'est bien ce front grave, ce fin regard, ce bon sourire, cette physionomie en un mot, qui captivait dès le premier abord. Et comme le grand statuaire italien devant son Moïse, nous attendons nous aussi que cette image s'anime et nous parle. Ah! Monsieur, vous avez fait une œuvre admirable et du même coup vous nous avez rendu un père ou un ami, et c'est un besoin pour tous en ce moment de vous dire merci du fond du cœur.

« Avant d'enfermer ce beau buste dans la majesté silencieuse d'une chapelle, nous avons voulu l'exposer ici à l'admiration reconnaissante de tous et faire naître ainsi l'occasion d'un éloge qui est sur toutes les lèvres et qui demande à s'exprimer.

« De quoi louerons-nous M. l'abbé Thenon ? A-t-il prononcé de grands discours ? A-t-il écrit quelque beau livre ? Non ; et cependant cet homme qui a toujours fui le bruit et l'éclat, qui cachait ses œuvres avec plus de soin que d'autres n'en mettent à faire connaître les leurs, cet homme a exercé autour de lui partout où il s'est trouvé une action puissante. Ce qu'a fait M. l'abbé Thenon, demandez-le à ses élèves, aux anciens surtout qui l'ont connu plus longtemps. L'un d'eux, le président de leur Association amicale, va parler en leur nom ; mais si éloquent que soit le discours de votre interprète, il y aura, mes amis, quelque chose de plus éloquent encore à la louange de M. l'abbé Thenon, c'est votre vie d'hommes honnêtes et chrétiens, parce que c'est son œuvre.

« Cet amour de la jeunesse studieuse n'est qu'une des formes de la passion de faire le bien qui a été l'âme de sa vie. On ne saura jamais ce que M. l'abbé Thenon a accompli d'œuvres charitables ; éducation des enfants riches dans les collèges, éducation des enfants pauvres dans les patronages, soulagement des déshérités de ce monde, son dévouement a tout embrassé. Nous ne pouvions passer sous silence ce côté de sa vie et bientôt vous en verrez l'édifiant tableau. Un homme vénéré, ami de M. l'abbé Thenon, qui a lui aussi la passion de la charité, qui a arraché à la faim des milliers de malheureux et des milliers de jeunes gens aux périls des séductions malsaines, M. Beluze, président du cercle catholique du Luxembourg, vous le présentera, et ce ne sera pas le moindre attrait de cette séance.

« Enfin, Monseigneur, après tous les autres, vous avez bien voulu vous charger d'apporter ici l'hommage de l'Université et de l'Église. Nous attendons avec impatience vos paroles qui mettront le sceau et la consécration à cette gloire. Nous les recueillerons avidement, heureux que le secret de cette admirable vie soit enfin révélé ; car la louange du père est la leçon des enfants. »

M. Wilbien, président de l'Association amicale des anciens élèves, lut ensuite un discours que nous reproduisons :

« Monseigneur,
« Messieurs,

« Appelé à venir aujourd'hui donner, au nom des anciens élèves de l'École Bossuet, un suprême hommage à M. l'abbé Thenon, ce n'est pas sans émotion, croyez-le, ni sans inquiétude que j'ai accepté un tel honneur.

« Pour rendre à cet homme éminent, à ce cœur débordant d'affection, à cette intelligence d'élite, l'éloge qui lui est dû, il faudrait, je le sais, une autre voix que la mienne; et certes, j'offenserais sa mémoire en lui donnant des louanges qui ne seraient pas dignes d'elle. D'ailleurs, l'émotion profonde que je vois dans cette assemblée n'est-elle pas pour m'avertir que tout éloge est inutile? Tous, ici, nous avons vu M. l'abbé Thenon : c'est dire que tous nous l'avons aimé, et nous garderons éternellement dans notre cœur, tracé en caractères ineffables le souvenir de celui qui fut toujours le meilleur de nos maîtres, le plus sûr de nos conseillers, le plus fidèle de nos amis.

Devant cet éloge qui se fait lui-même, devant ce concert de regrets que j'entends s'élever de toutes parts, faut-il donc que je me taise, Messieurs? — Non, vraiment, je ne le puis pas! je *dois* un dernier souvenir à cette affection féconde, à cette tendresse sérieuse, à cette direction intelligente dont M. l'abbé Thenon entourait ses *anciens élèves*.

Vous vous rappelez, Messieurs — et c'est à ces anciens que je m'adresse — vous vous rappelez avec quel sourire d'aimable bonté notre supérieur, au temps, hélas! éloigné déjà, où la maladie ne l'avait pas encore confiné dans sa chambre, notre supérieur nous accueillait quand il nous voyait revenir, libres, et de nous-mêmes, à cette École où s'étaient écoulées nos années de collège. Avec quel plaisir, s'appuyant sur notre bras, il aimait à revoir avec nous tous ces lieux où s'étaient passés les premiers temps de notre jeunesse, vous vous en souvenez; et vous vous rappelez aussi ce que, dans ces moments-là, il savait nous dire; quels conseils, quels avis il avait pour nos esprits indécis et perplexes devant les premières difficultés d'une carrière nouvelle. Quand nous étions auprès de lui, les confidences allaient d'elles-mêmes : il n'avait pas besoin de les solliciter. La confiance qu'il nous inspirait était telle que nous ne voulions plus rien lui cacher : il paraissait que son cœur appelât notre cœur. Avec quelle affectueuse indulgence n'était-il pas habile, dans nos instants d'inquiétude, à trouver le mot qui relevait nos courages défaits! Avec quelle justesse il nous montrait la voie que nous devions suivre parmi les chemins entre lesquels nous hésitions! En le voyant si prompt à s'initier aux situations les plus diverses, si vigilant à redresser toujours nos inexpériences défaillantes, ne semblait-il pas qu'il eût tous les secrets? Et quel meilleur guide, Messieurs, pouvions-nous espérer? Après avoir été l'éducateur de notre enfance, c'était et ce devait être, comme l'a dit si justement, dans d'autres circonstances, celui qui a bien voulu accepter de continuer ici, avec autant de modestie que de dévouement, les traditions de M. le supérieur, c'était, et ce devait-être le directeur de notre jeunesse.

« Il me semble que je le revois encore, toujours bon, toujours affable, toujours accueillant, quand la maladie implacable paraissait vouloir le soustraire à nos regards. Même au milieu de ses crises les plus douloureuses, quand tout autre, en de pareilles circonstances n'eût plus pensé qu'à lui-même, il s'oubliait encore, pour ne songer qu'à ceux dont l'affection lui tenait tant au cœur. Pour eux, pour les anciens élèves, toujours il savait retrouver un sourire, un mot aimable, s'enquérant de leur existence, de leurs succès, de leurs déceptions, se réjouissant de leurs joies, s'attristant de leurs chagrins : on eût dit qu'il voulait vivre leur propre vie. Et plus tard, quand son mal lui laissait à peine la force de parler, son esprit préoccupé nous suivait encore, et, s'il ouvrait la bouche, c'était pour nous donner, au mépris des épouvantables angoisses de son corps torturé, un dernier conseil, un suprême avis.

« Aussi, Messieurs, quelle douleur immense s'empara de nous tous, quand nous apprîmes un jour que ce conseiller, cet ami, ce père n'existait plus! Vous vous en souvenez encore. Son état était grave, nous le savions. Il n'y avait plus d'espérance possible, il le savait lui-même... Et pourtant, nous ne pouvions, nous ne voulions pas croire à l'imminence si proche d'un pareil malheur; tous, nous l'aimions tant, qu'il nous semblait que notre affection dût le soutenir, le conserver encore... Et voilà que tout à coup nous apprenons sa fin! Le soir, à 7 heures, il s'occupait encore de nos œuvres, trois heures après, il n'était plus!... Sa dernière pensée avait été pour ses anciens élèves.

« C'est qu'en effet, Messieurs, les anciens élèves, *ses* anciens élèves, comme il les appelait, étaient après Dieu, la plus chère affection qu'il eût au cœur. Sans doute, il aimait ses amis, et leur nombre ici me dit assez comme il les aimait; sans doute, il aimait ses confrères, disciples dévoués qu'il initiait avec tant de zèle aux difficultés de cette éducation qu'il comprenait si bien; sans doute, il aimait ses élèves, ses élèves dont il savait mieux que personne respecter et chérir la jeunesse, plein d'enthousiasme pour leurs succès, plein d'indulgence pour leurs écarts; mais il aimait, il aimait surtout ses anciens élèves.

« Le but qu'il poursuivait à l'École, au milieu des tracas du dehors, des embarras du dedans, n'était-il pas de former, non seulement des savants, mais encore et surtout des hommes? C'était là son ambition, noble et louable s'il en fut. Avec l'intelligence très nette qu'il avait des besoins de notre temps, il voulait faire de nous des citoyens instruits qui fussent aussi des chrétiens éclairés et des patriotes sincères. Il voyait ailleurs et plus loin que les limites étroites des devoirs du collège; à côté de l'instruction, au-dessus d'elle même, il mettait l'éducation; et, comme cet autre prêtre éminent dont vous-même, Monseigneur, fîtes jadis en d'autres lieux un si magnifique et si juste éloge, il pouvait dire : « L'École n'est et ne doit être « qu'une continuation, ou une extension de la fa- « mille. Nous y recevons l'enfant pour nous dévouer « à lui en l'aimant, pour l'élever et le grandir et faire « de lui un homme. » Ces lignes qu'écrivait le R. P. Captier, M. l'abbé Thenon eût pu les signer, et il apportait à cette tâche toute sa science, toute son activité, tout son dévouement, toute sa tendresse...

Dès lors, avec quel bonheur ne devait-il pas nous voir, au sortir de l'École, marcher dans les sentiers qu'il nous avait tracés ! Avec quelle attention ne devait-il pas nous suivre quand nous commencions à nous servir de cette liberté, aux dangers de laquelle lui-même nous avait initiés ! Notre vie, après tout, n'était-elle pas son œuvre ? Et qui pourrait songer à lui reprocher ces ambitions élevées qu'il nourrissait pour nous, ces tendresses viriles, dont il nous entourait ?...

« Quant à nous, Messieurs, et c'est un devoir bien doux pour moi de venir l'affirmer ici devant cette image où semble revivre l'âme de celui que nous pleurons, nous lui en garderons une reconnaissance éternelle, heureux si, nous souvenant de ses leçons, nous savons toujours, à travers les hasards et les dangers de l'existence, rester dignes de l'affection qui a fortifié notre jeunesse. »

Après l'*Ave Maria* de Gounod, admirablement interprété par l'orchestre, M. Beluze prit à son tour la parole pour louer en M. Thenon, l'esprit de charité.

« Monseigneur, Mesdames et Messieurs,

« Pour rendre un plus complet hommage au prêtre éminent dont l'École Bossuet honore en ce jour la mémoire, j'ai accepté la mission d'esquisser à grands traits devant vous sa vie charitable.

« Que n'ai-je pour peindre sa belle âme à vos yeux le génie de l'artiste dont le ciseau fait si fidèlement revivre sa douce et sympathique physionomie !

« Tout d'abord, vous l'avouerai-je, après avoir cédé aux instances qui m'étaient faites, je me suis repenti de ma témérité. Mais pensant que j'allais, en votre nom, acquitter une dette de gratitude et parler d'un père au milieu de ses enfants, j'ai immédiatement repris confiance. Aussi bien, ma bonne volonté a déjà reçu sa récompense puisqu'il m'a été donné d'étudier de près à cette occasion, un des plus nobles cœurs que j'aie connus. Oui, jamais mieux qu'à présent, Messieurs, je n'ai compris comment M. l'abbé de Broglie a pu dire, en toute vérité, de M. Thenon : « Lumière par l'intelligence, par la science et le tra-
« vail, il était ardeur et chaleur par sa bonté et par sa
« charité. »

Mais qui donc avait cultivé en lui cette exquise délicatesse de sentiment et cet esprit de sacrifice porté à un si haut degré ? Avec la grâce de Dieu, l'amour d'une mère est seul capable d'accomplir une telle merveille. L'abbé Thenon dut en effet à sa mère le bonheur d'apprendre, dès l'âge le plus tendre, l'art de se donner aux autres en se sacrifiant soi-même ; et ce divin précepte de la vraie charité lui était enseigné bien moins par des paroles que par des exemples. Ne soyons donc pas surpris de voir le

jeune Thenon, encore élève de rhétorique, travailler à fonder de concert avec quelques-uns de ses camarades de l'Institution Massin une petite association dans le but d'aller visiter un certain nombre de familles pauvres.

Quel était précisément le caractère de cette association? nous ne saurions le dire. Elle nous paraît toutefois avoir été inspirée par une pensée plutôt philanthropique que chrétienne. Cependant le bon Dieu daigna la bénir; car, peu de temps après, elle devint le berceau de cette vaillante conférence de Notre-Dame des Écoles qui a fait et qui fait encore tant de bien dans les quartiers les plus malheureux de Paris. Certes, il fallait du courage pour tenter une pareille entreprise dans une Institution où, malgré les bonnes intentions des maîtres, les élèves étaient en général si peu préparés à comprendre la pensée de leur condisciple.

Cependant rien ne rebuta le jeune Thenon, et à quinze ans de date il recommença personnellement et dans des conditions peut-être plus difficiles l'œuvre d'Ozanam, non pas sans doute avec une idée aussi nettement chrétienne, mais avec un entrain et une bonne volonté que n'aurait pas désavoués le principal fondateur des Conférences de Saint-Vincent de Paul. Il y avait du reste à cette époque, vers 1848 et 1849, comme un renouveau de zèle chrétien dans la jeunesse des Écoles. C'était le temps où vous-même, Monseigneur, sous un autre costume que celui d'aujourd'hui, car vous portiez, il m'en souvient, le chapeau frégate, la tunique verte et l'épée au côté, vous veniez le jeudi soir, jour de sortie des élèves de l'École normale, à la petite école du cloître des Bernardins enseigner l'histoire sainte aux petits enfants des manufactures et leur faire réciter leurs leçons de catéchisme. Au point de vue politique et social, la France était à peu près la même qu'à présent, moins Sédan, il est vrai, et la perte de nos deux provinces. Mais nous sortions d'une révolution qui venait d'ensanglanter les rues de Paris, et la misère des ouvriers faisait comme aujourd'hui éclore dans leur esprit les utopies les plus funestes.

Léon Thenon éprouva dans son cœur comme autrefois Frédéric Ozanam une pitié profonde pour ces pauvres malheureux, plus égarés que coupables, et il résolut d'aller à eux. Bientôt, nous l'avons dit, la petite association de charité de l'Institution Massin se transforma en une véritable Conférence de Saint-Vincent de Paul ; et, sous le vocable de Notre-Dame des Écoles, il fit appel à tous les étudiants chrétiens, étudiants en droit et en médecine, élèves de l'École des Beaux-Arts, lycéens des classes supérieures ; elle ne tarda pas à compter une centaine de membres.

Exerçant à l'origine son action charitable dans tous les quartiers de Paris, elle adopta peu après sur la proposition même de M. Thenon une circonscription délimitée. Il existait vers cette époque entre le quartier de la Glacière et la gare du chemin de fer de Sceaux, un vaste terrain appartenant à l'Aministration de l'Assistance publique et d'un aspect singulièrement pittoresque. On l'avait baptisé du nom significatif de *fosse aux lions*. Là, point de rues régulièrement tracées, point d'éclairage municipal, et l'on y aurait même vainement cherché ces lanternes à huile qui jettent encore leurs pâles lueurs dans quelques endroits perdus de la grande ville. Point de trottoirs bordant les maisons. Que dis-je? Pas même de maisons, mais de simples cahutes en terre et en bois. Ajoutez à cela des voies de communication absolument fantaisistes, où l'on s'embourbait le mieux du monde, les jours de pluies, dans une fange noire et infecte, et vous aurez l'image fidèle de cette oasis d'un nouveau genre, inconnue du reste de la plupart des Parisiens. Quant aux naturels du pays, c'était une population tout à fait primitive, recrutée parmi les pauvres chiffonniers, les saltimbanques, les hommes de petits métiers, offrant des types qui bien certainement auraient tenté la plume de M. Zola ou le pinceau de M. Manet, mais bien faits aussi pour émouvoir le cœur de M. Thenon et de ses amis. Et bien c'est là que, chaque semaine, ces braves jeunes gens allaient passer une partie de leur dimanche au milieu des déshérités de la fortune, lesquels ne revenaient pas de leur surprise en voyant tant de beaux messieurs leur remettre, sans dédain, des bons de pain et leur parler de Dieu.

Cependant M. Thenon venait d'être admis à l'Ecole normale dans la section des lettres, et dès le premier jour, sans la moindre hésitation il se rangea, comme vous, Monseigneur, parmi ses camarades dans le camp des catholiques.

Reçu membre de la Conférence de Saint-Médard que présidait en ce temps M. Pitard, professeur de seconde au lycée Louis-le-Grand, il y trouve bon nombre de Polytechniciens et de Normaliens.

Ayant un jour entendu parler de l'œuvre du Patronage des apprentis et des jeunes ouvriers, il résolut de la voir de près, et dès qu'il l'eût connue il s'y attacha sans réserve. Elle avait son siège rue des Fossés-Saint-Jacques, n° 11, dans une vieille maison qui rappelle aux catholiques de Paris de bien chers souvenirs. C'est là que prit naissance, dans les dernières années de la Restauration, la Société des bonnes études dont Berryer et le Père Lacordaire furent membres, et plus tard, en 1833, la première des Conférences de Saint-Vincent de Paul à laquelle se rattachent les noms à jamais vénérés de M. Bailly et de Frédéric Ozanam.

A peine M. Thenon eut-il respiré l'air de cette maison bénie qu'il s'y sentit comme dans son élément. Mais qu'est-ce donc, Messieurs, qu'une maison de patronage? En quoi consiste son action et quel genre de concours le jeune élève de l'École normale allait-il y apporter?

Une maison de patronage, Messieurs, c'est peut-être l'œuvre de charité la plus intéressante et la plus digne de vos sympathies. Avez-vous jamais remarqué, en vous promenant le dimanche, dans quelque quartier populeux de Paris, cette multitude de jeunes enfants qui grouillent dans la rue, sales, déguenillés, jouant et criant à vous rompre les oreilles, insultant les passants, jurant comme des diables et se préparant ainsi par de mauvaises paroles et de méchantes actions à devenir un jour des clubistes enragés et des artistes passés maîtres dans l'art de manier la dynamite? Et bien, c'est cet élément de la population parisienne qu'avec l'aide de Dieu l'œuvre du patronage s'efforce de transformer, recueillant le dimanche et le jeudi les apprentis et les écoliers dans des maisons spéciales où ils passent agréablement, pieusement et utilement la journée. Mais à quoi bon m'étendre plus longuement sur l'organisation et le fonctionnement de cette œuvre? Donnez-vous plutôt le plaisir, Mesdames et Messieurs, d'aller un de ces dimanches, tout près d'ici, rue Stanislas, n° 11, visiter le Patronage de Notre-Dame de Nazareth, vous verrez l'œuvre en pleine activité et cette visite vous en apprendra plus qu'un long discours.

Donc M. Thenon subjugué par l'attrait de cette institution y consacra tout son dévouement et l'on peut dire que, grâce à lui, elle prit un nouvel essor. Il eut en effet le secret d'amener à sa suite plusieurs de ses camarades de l'École normale qui devinrent de précieux collaborateurs.

Quel beau spectacle c'était alors, comme aujourd'hui du reste, celui de ces jeunes gens d'élite non-seulement ne dédaignant pas la fréquentation de pauvres enfants, mais encore s'attachant à eux au point de passer en leur compagnie toute la journée du dimanche, au lieu d'aller promener leur *far niente* aux courses d'Auteuil ou de Chantilly. Explique qui pourra ce phénomène psychologique en dehors de l'esprit d'apostolat suscité par la foi et la piété chrétienne !

Mais le bien comme le mal a sa contagion. Aussi vit-on bientôt ces enfants du Patronage de Sainte-Mélanie solliciter la faveur d'organiser eux aussi une petite Conférence de charité dans le dessein d'aller porter quelques secours à des familles non moins pauvres que leurs propres parents. M. Thenon fut l'âme de cette petite association et lui prodigua tout son zèle. Peu de temps après cependant, s'agita dans le sein du conseil de la maison de Sainte-Mélanie une grave question. Le directeur salarié, chargé jusque-là du placement des enfants chez les patrons et de la visite des apprentis dans les ateliers, s'étant retiré, M. Thenon et ses amis se demandèrent s'il ne serait pas plus conforme à l'esprit de charité de supprimer désormais une direction mercenaire pour la remplacer par la seule coopération volontaire et gratuite des membres de l'œuvre. On hésita longtemps ; mais sur les observations pleines d'autorité de M. Thenon, il fut décidé qu'à l'avenir les confrères eux-mêmes se chargeraient de toute la besogne. Dieu n'a pas condamné, Messieurs, cette témérité ; car voilà vingt et un ans que ce régime subsiste sans aucun inconvénient et sans la moindre défaillance. Quelle merveilleuse école d'application du reste au point de vue de la connaissance pratique des hommes et des choses pour tous ces jeunes gens qui emploient de la sorte leurs loisirs! Les nécessités de sa carrière obligèrent M. Thenon, parvenu au terme de ses études, à quitter Paris et le jeune président du Patronage de Sainte-Mélanie fut successivement envoyé comme professeur à Saintes, à Chaumont, à Agen, à Amiens. Dans ces diverses villes, tout en remplissant admirablement bien et à la complète satisfaction de ses chefs ses devoirs professionnels, il employait ses heures de liberté à fonder des conférences ou des patronages. On raconte même que n'ayant pu se procurer, dans l'une de ces localités, une maison convenable pour y recevoir ses chers apprentis, plutôt que de les abandonner, il les réunissait le dimanche au milieu d'une prairie située à l'extrémité d'un faubourg, et là, sans le moindre respect humain, il mettait toute son ardeur à jouer aux barres avec eux. Dans son zèle, il chercha même, pendant son séjour en Grèce, comme élève de l'École française, à fonder à Athènes une Conférence de Saint-Vincent de Paul. Mais cette tentative ne devait aboutir que plus tard et après son retour en France.

Cependant tant d'empressement pour la gloire de Dieu et le salut des âmes faisait avancer à grands pas M. Thenon dans la voie de la perfection; et sa vocation sacerdotale se dessinait de plus en plus nettement. Mais, par prudence, il désira l'éprouver encore et revint pour cela passer une année à Paris. A peine de retour, il reprit sa place dans sa chère maison de Sainte-Mélanie et sa présence y fut marquée pour l'œuvre par un surcroit de vie. Ce fut alors que voulant asseoir l'institution sur des bases plus solides, il établit, sous le titre d'Association des Confrères du Patronage de Sainte-Mélanie, un lien d'amitié et de prières entre tous ceux qui avaient fait partie de la maison, soit comme confrères, soit même comme simples patronnés. Il nous a été donné, Messieurs, de parcourir les procès-verbaux de cette association, et vraiment il est impossible de lire quelque chose de plus touchant. On dirait des annales de la primitive Église relatant les rapports fraternels des premiers chrétiens. La correspondance des absents offre surtout un intérêt extrême. Aucun des événements concernant les confrères de province n'est oublié. Mariages, naissances, décès, entrées au séminaire ou dans quelque ordre religieux, succès, revers de fortune, demandes de prières, tout y trouve sa place et en des termes qui bien souvent font venir les larmes aux yeux.

Vers le même temps, la maison de Sainte-Mélanie étant en pleine prospérité, il fut question de créer sur la rive gauche un nouvel établissement de patronage. M. l'abbé Le Rebours devenu plus tard curé de Sainte-Madeleine, fut l'instrument de la Providence pour cette fondation qui prit le vocable de Sainte-Rosalie nom qui restera toujours populaire dans le cœur des habitants du faubourg Saint-Marceau.

On demanda aux confrères de la maison de Sainte-Mélanie d'envoyer un essaim de leurs membres au nouveau patronage, et M. Thenon y délégua deux ou trois de ses plus dévoués collaborateurs. L'œuvre fut fondée sur les mêmes bases et dans le même esprit que celle de Sainte-Mélanie.

Cependant, le moment approchait où, fidèle à sa vocation, M. Thenon devait quitter le monde pour entrer au séminaire. Ce jour-là, ai-je besoin de le dire, fut pour les enfants du patronage un jour de deuil et de larmes. Nous ne suivrons pas M. l'abbé Thenon dans sa nouvelle vie de séminariste, si ce n'est pour dire que, chargé par la confiance de ses supérieurs de la direction du catéchisme de persévérance des jeunes gens de Saint-Sulpice, il trouva constamment l'occasion d'exercer son esprit d'apostolat sur les jeunes âmes à qui il savait si bien communiquer la flamme de sa charité. Nous dirons de même qu'à ce point de vue ses relations quotidiennes avec ses condisciples du séminaire exercèrent sur eux la meilleure influence.

Sans donc m'attarder davantage et pour ne pas sortir du cadre qui m'a été tracé, j'aborderai, toujours au point de vue des œuvres de charité, les dernières fondations de M. l'abbé Thenon. Deux œuvres d'une véritable importance méritent d'être particulièrement signalées, l'établissement de deux jeunes conférences de Saint-Vincent de Paul au sein même de l'École Bossuet, et la création d'une *Maison de famille* pour de petits apprentis orphelins. Sachant combien la pratique des œuvres de charité est profitable aux jeunes gens, j'oserais même dire, nécessaire à leur persévérance chrétienne, il établit à l'École Bossuet deux associations de Saint-Vincent de Paul, l'une pour les anciens élèves et l'autre pour les jeunes gens encore dans l'École. La première considérée comme majeure, se gouverne à sa guise sans se priver pourtant des conseils et de l'appui des directeurs de l'École; mais à l'autre composée d'un personnel moins expérimenté, M. Thenon assigna pour mission la visite des vieillards de la maison de Nazareth. Par les soins des membres des deux Conférences et grâce au dévouement des dames patronnesses dont je suis heureux de saluer ici la présence, il est pourvu à tous les besoins des orphelins de la Maison de famille. Mais ce zèle ne se borne pas à assurer à ces pauvres enfants les secours matériels; une fois par semaine, les jeunes protecteurs vont rendre visite à leurs protégés, considérant comme un bonheur de les encourager, de les récompenser, voire même de leur faire la classe. Quel précieux apprentissage de la vie pour vos enfants, Mesdames, et comme il serait à souhaiter que tous les fils de famille pussent en profiter!

Lorsqu'on s'habitue dès son enfance à considérer la misère de près comment ne pas prendre plus tard la vie au sérieux; quand on prêche la bonne conduite aux autres, comment ne pas se la prêcher à soi-même; lorsqu'enfin on recommande le travail, l'application, l'obéissance et la piété à de pauvres petits apprentis, comment ne pas devenir personnellement laborieux, appliqué, obéissant et pieux?

Aussi, voit-on tous les membres des deux Conférences s'attacher passionnément à leurs jeunes protégés et à l'œuvre qui les abrite.

Jusqu'aux derniers temps de sa vie, notre cher abbé Thenon suivait avec la plus vive sollicitude les travaux charitables de ses élèves, et nous avons appris sans le moindre étonnement qu'ils furent l'objet de ses suprêmes préoccupations, puisque, trois heures avant sa mort, il signa d'une main défaillante un chèque destiné à retirer d'une maison de banque le petit avoir de l'œuvre.

Ma tâche est achevée, Messieurs. Ainsi que je me l'étais promis, je me suis borné à retracer bien imparfaitement sans doute la vie de M. Thenon au point de vue charitable. Peut-être aurais-je pu, sans sortir de mon sujet, parler aussi de la fondation de cette École et de la communauté des prêtres qui la dirigent comme une des meilleures inspirations de sa brûlante charité. Rempli de sollicitude pour les chers enfants qu'il avait appris à aimer aux catéchismes de Saint-Sulpice, il conçut pour eux la très opportune pensée d'établir *l'externat des Lycéens* et, sous cette forme, il fonda aussi, nous pouvons bien le dire, un grand patronage chrétien, non pas cette fois pour les enfants du peuple, mais pour les fils des familles les meilleures et les plus distinguées de Paris. Ce fut là le couronnement de sa belle mais trop courte carrière dans laquelle, chose bien rare, il est facile de constater une si parfaite unité.

Et maintenant, chers jeunes gens, qui m'avez fait l'honneur de m'écouter avec tant de bienveillance, n'y a-t-il pas une conclusion à tirer de tout ceci? Assurément de si nobles exemples de la part du fondateur de votre École ne sauraient être perdus pour aucun de vous. Vous tiendrez donc à honneur de les suivre.

Dès son adolescence M. Thenon avait admirablement compris que le dévouement des heureux de ce monde envers les déshérités était la condition première du salut social et du relèvement de la patrie. Qui pourrait en douter aujourd'hui à moins d'être frappé d'une double cécité morale et physique? A l'œuvre donc, Messieurs, et en haut les cœurs! Souvenez-vous de votre maître et si jamais un sentiment passager de défaillance s'empare de vous, jetez les yeux sur ce marbre vivant. Il vous rappellera les traits d'un homme qui fut l'un des plus parfaits modèles du dévouement chrétien, et tout aussitôt vous reprendrez courage pour marcher en avant.

ALLOCUTION

DE

MONSEIGNEUR PERRAUD, ÉVÊQUE D'AUTUN

MESSIEURS,

Aux éloges si mérités décernés, dans cette fête de famille, à la mémoire du fondateur de l'École Bossuet, je viens joindre le tribut de mes regrets.

Je n'ai pas assez connu M. l'abbé Thenon pour vous parler avec compétence de sa vie sacerdotale et de l'incomparable dévouement avec lequel il a compris et rempli son ministère d'éducation.

Heureusement, ces involontaires et regrettables lacunes sont déjà comblées dans l'esprit de ceux qui m'écoutent. Je suis entouré de ses collaborateurs et de ses disciples. Je ne pourrai rien leur apprendre qu'ils n'aient su avant moi, bien mieux que moi. A cet égard, Messieurs, les souvenirs de votre pieuse gratitude sont plus éloquents que toute louange. Ils rendront toujours présente à vos cœurs la physionomie douce et grave, pleine de fermeté et de bienveillance, de celui qu'une mort prématurée vous a ravi ; et vous ne cesserez pas d'être reconnaissants à l'artiste célèbre (1) qui, s'inspirant dans ses œuvres d'un mot de Tacite, a le don de faire revivre par le marbre ou par le bronze ce que l'historien d'Agricola a si bien appelé « la forme impérissable de l'âme : *forma mentis æterna* (2). »

Prêtre, l'abbé Thenon l'a été, avec quelle exactitude, quelle ferveur, quelle piété ! cette maison et cette école en demeurent tout embaumées. Il aura été parmi vous, suivant la parole de l'Apôtre, « l'hostie agréable à Dieu qui répand autour d'elle un parfum de suavité : *Odorem suavitatis, hostiam acceptam, placentem Deo* (3). »

Qui dira les origines de sa vocation ? Qui soulèvera le voile sous lequel demeurent cachés à nos regards ces détails du dessein providentiel qu'il serait si intéressant de connaître, si édifiant de méditer, si consolant de dire ? Où, quand est née en lui la pensée de la consécration totale de sa vie au service de Dieu et des âmes ? Est-ce dans une première et ineffable rencontre avec le Dieu de l'Eucharistie, que ce cœur de douze ans a entendu l'appel mystérieux et décisif ? Est-ce plus tard, devant le spectacle sérieusement médité de la vanité des espérances terrestres, au contact des misères intellectuelles et des détresses morales dont

---

1. M. Chapu, membre de l'Institut.
2. Tacit. Agric. c. 46.
3. Phil. iv. 18.

notre siècle n'est pas plus exempt que ses devanciers, en face des foules trop souvent affamées et déshéritées de vérité et de justice, que le jeune normalien a tressailli sous la parole du Maître lui redisant de son accent le plus irrésistible : « J'ai pitié de ces multi-« tudes ! Oh ! que de moissons à faire, et combien « les ouvriers manquent ! *Misereor super turbam.* « *Messis multa ; operarii pauci* (1). »

Je ne pose pas ces questions, Messieurs, Dieu m'en garde, pour payer un tribut à cette curiosité sans portée qui ne se pique de tout savoir qu'afin d'avoir le privilège de commettre les premières indiscrétions. Mais rien n'est instructif comme de discerner les voies de la Providence dans la vie des hommes. Je confesse d'ailleurs que je ne me livre pas de sang-froid à une pareille recherche. Je ne m'y sens pas désintéressé. Il y a trop d'analogies entre la destinée de l'abbé Thenon et la mienne, et si je ne connais pas historiquement tous les détails de sa vocation, je les devine en me rappelant les années de ma jeunesse. Ne retrouvé-je pas ici, dans de chers condisciples et dans des maîtres vénérés, le souvenir ému des jours d'autrefois ; de l'époque où, étudiant avec ardeur les lettres humaines dont mon esprit était très avide, afin de conquérir le droit de les professer un jour, je me préparais, sans le savoir, à exercer bientôt le ministère du plus sublime et du plus fécond des enseignements, de celui qui s'adresse aux âmes, pour les rendre ca-

1. IIe Corinth xii-18.

pables des biens éternels? Je puis donc dire de votre ancien directeur, entré quelques années après moi d'abord à l'École normale, puis dans les rangs du sacerdoce, ce que saint Paul disait de Tite : « Nous avons été soulevés par le souffle du même Esprit; nous avons marché dans le même chemin : *Nonne eodem spiritu ambulavimus ? nonne iisdem vestigiis* (1)? »

Oui, tous les deux nous avons grandi sur les bancs de l'Université et nous avons été formés par elle à la discipline de ses fortes études, en écoutant les leçons de ces savants sérieux et modestes dont plusieurs, après avoir été nos maîtres, sont restés nos amis. Puis, conduits par cette admirable Providence « qui dispose toutes choses avec nombre, poids et mesure », tandis que nous nous préparions à une carrière honorable et pensions avoir trouvé le dernier mot de nos très légitimes aspirations, Dieu, qui nous tenait par la main, nous acheminait par la route la meilleure, sinon la plus courte, vers l'accomplissement de ses desseins sur nous. Il nous voulait prêtres; mais il voulait en même temps mettre au service de l'Église notre laborieuse initiation au ministère de l'enseignement, et cette expérience des hommes et des choses qui pouvait nous permettre d'être plus utiles à nos contemporains. Ainsi les Israélites, en se familiarisant avec les Égyptiens, devaient s'enrichir un jour des trésors de ce peuple si avancé dans les arts et dans les sciences de

1. Marc VIII. 2. Matth. IX. 37.

l'antiquité, mais pour en orner le tabernacle du vrai Dieu! Je le dirai en toute simplicité à cet auditoire qui m'écoute avec une visible sympathie : depuis mes places de premier au collège; jusqu'aux diplômes de licencié, de docteur, d'agrégé, sans oublier, bien entendu, la palme glorieuse que l'Académie française remettait il y a trois jours entre mes mains, je n'ai jamais eu qu'un seul désir, une seule ambition : faire honneur de tous ces succès à la cause sacrée de Jésus-Christ, afin de lui concilier davantage l'estime, le respect, la confiance, l'amour des hommes.

Devenu prêtre, que fera l'abbé Thenon? A quoi emploiera-t-il son sacerdoce?

Sans doute, Messieurs, tout prêtre est maître et éducateur. « Allez! enseignez! » Toute notre mission est résumée dans ces deux paroles : *Euntes, docete* (1). En chaire nous enseignons publiquement les foules; au tribunal sacré de la Pénitence nous donnons l'enseignement spécial qui convient aux besoins particuliers de chaque fidèle. Nous sommes surtout maîtres et éducateurs lorsque dans un ministère à la fois très humble, très méritoire, très important, amoindrissant pour ainsi dire notre voix à l'exemple de saint Paul, pour bégayer avec les petits enfants (2),

---

1. Matth. xxviii. 19.
2. *Filioli mei, vellem esse apud vos et mutare vocem meam* (Gal. iv. 19. 20.)

nous leur apprenons les premiers éléments de la sagesse éternelle contenus dans le plus ancien, le plus complet, le plus patriotique de tous les manuels de morale : j'ai nommé le catéchisme, ce livre de cinq sous, dont un éminent philosophe de ce siècle, Jouffroy, a fait un éloge si compétent et si désintéressé ; et qui, à l'heure où je parle, pour notre honte et pour notre malheur, est mis à l'index et consigné comme un mauvais livre à la porte de nos soixante mille écoles publiques.

A ce mandat général d'enseignement qui découle de notre mission sacerdotale, l'abbé Thenon en a joint un autre qui a été l'œuvre propre de sa vie et en constitue la bienfaisante originalité.

Quelle a été sa pensée? Je puis la résumer en quelques mots, car il n'est pas un seul d'entre vous, maîtres ou élèves, parents ou enfants, de qui elle ne soit très connue.

Emu par les périls et les besoins d'une société où tant de forces se neutralisent parce qu'elles se combattent, au lieu de se prêter un harmonieux concours, il a voulu, suivant la parole de l'Écriture, faire une œuvre de rapprochement et de réconciliation : *In tempore iracundiæ factus est reconciliatio* (1)», et, appliquant aussitôt cette grande, féconde et cordiale inspiration à l'éducation de la jeunesse, il a résolu d'y faire concourir d'abord, la religion représentée par des prêtres préposés à la discipline et à la garde des

1. Eccl. XLIV-17.

mœurs; puis, la famille, qui n'a pas le droit de se désintéresser du labeur sacré de l'éducation des enfants et à qui l'externat assure sa part légitime de responsabilité et d'action; enfin, cette tradition des grandes études que l'Université de France a maintenue jusqu'à ce jour et saura, je l'espère, maintenir intacte au milieu des vicissitudes de nos révolutions, et malgré les périlleuses expériences qu'on se permet quelquefois à ses dépens et aux nôtres.

Unir ces trois forces, en faire le triple faisceau qui ne pourra que très difficilement être rompu (1); chercher dans cette union le bien de la famille, le bien des âmes, le bien de la patrie : telle a été la pensée qui a inspiré toute la carrière de M. l'abbé Thenon et dont le succès est attesté par les rapides développements de l'École Bossuet.

Il commençait en janvier 1866, avec quatre élèves. Mais la bénédiction de Dieu était sur ce grain de senevé, qui devait rapidement grandir et devenir l'arbre à l'ombre duquel se sont déjà formées plusieurs centaines de jeunes gens chrétiens. Bientôt, comme la métropole qui fonde des colonies, l'École Bossuet a été, à Paris et à Lyon, la mère de deux écoles semblables, placées sous le doux et littéraire patronage de Fénelon, tandis qu'à Paris encore elle voyait naître et se développer, sur l'autre rive de la Seine, une institution qu'elle accueillait, non comme une rivale, mais comme une sœur, l'École Massillon;

---

1. *Funiculus triplex difficilè rumpitur.* Eccl. IV-12.

toutes les trois demeurant fidèles au plan original du premier fondateur, et serrant pour ainsi dire dans un même nœud, pour les faire mieux s'embrasser, l'Église, la famille et l'Université.

Bossuet, Fénelon, Massillon ! Voilà, Messieurs, des noms que trouveraient sans doute bien barbares ces étranges novateurs et rénovateurs de notre histoire nationale, qui proscrivent comme indigne de nos progrès modernes tout ce qui en France a précédé la Déclaration des droits de l'homme, et pour qui ce serait vraiment chose trop dure de reconnaître quelque grandeur et quelque valeur à des membres du clergé. Pour nous, Messieurs, qui ne nous laissons pas parquer dans ces méthodes factices, puériles, violentes, et qui ne renions pas nos ancêtres, saluons ces arriérés, ces barbares, et souhaitons-nous les uns aux autres de penser et de parler comme eux, en bon français.

La pensée de conciliation et de rapprochement qui avait inspiré M. l'abbé Thenon en 1866, pouvait n'être alors qu'une intelligente et très opportune application de ce principe de concordat auquel, depuis le commencement de ce siècle, notre société si profondément troublée et divisée par dix années de révolution était redevable de la pacification religieuse. Ne peut-on pas dire qu'après nos malheurs de 1870 et de 1871 elle devenait moralement nécessaire ?

Que fallait-il en effet, au lendemain des désastres militaires qui avaient mutilé la patrie et de l'horrible guerre civile qui avait failli consommer sa ruine? N'était-ce pas de mettre en commun toutes les ressources et toutes les forces sociales afin de relever la France? Y en avait-il une seule à qui, sans danger, sans folie et sans crime, on pût interdire d'avoir sa part dans le labeur collectif d'où devait sortir le salut de tous?

Laissez-moi vous redire, Messieurs, un épisode de nos histoires sacrées, que j'ai médité bien des fois depuis douze ans. Il serait digne d'inspirer un jour le pinceau d'un grand artiste. Je voudrais surtout qu'il rappelât à tous mes concitoyens le devoir que, selon moi, le bon sens et le patriotisme imposent en ce moment à tous les enfants de la France.

Néhémias, captif à la cour d'Artaxercès, a obtenu de ce prince la permission de revenir en Judée et de relever les ruines de Jérusalem. Il commence par se rendre compte de l'étendue des désastres subis par la ville sainte à la suite du dernier assaut sous lequel elle a succombé. En quelques traits, marqués au cachet de l'antique simplicité et d'une beauté toute classique, le rédacteur du livre d'Esdras nous fait assister à l'exploration nocturne des ruines de Jérusalem par Néhémias. Il est à cheval, suivi d'un petit nombre de compagnons fidèles. Sorti par la porte de la Vallée, il fait le tour complet de l'enceinte. Il s'arrête de temps en temps pour considérer (avec quelles angoisses dans l'âme!) les murailles renversées et les portes détruites par le feu. En quelques endroits, les pierres obstruent si bien le chemin qu'il a grand'peine à faire passer sa monture. Il rentre en ville avant l'aurore. Puis, le jour venu, il va trouver les prêtres, les magistrats, les notables de leur ville, et il leur demande d'associer leurs efforts pour relever la cité : *Surgamus et œdificemus* (1).

Noble et touchant appel ! Il est entendu, compris, accepté. Tous aussitôt de se mettre à l'œuvre ; tous, Messieurs, vous entendez, sans exception et sans exclusion. C'est le grand prêtre Eliasib; c'est l'orfèvre Eziel; c'est Ananias, le fils du marchand de parfums; négociants, lévites, princes, magistrats, soldats, tous, je le répète, dans un accord admirable, travaillent sans relâche sous la haute direction de Néhémias. Aussi les murailles se redressent comme par enchantement. Les tours et les citadelles sont rebâties. En quelques mois Jérusalem est redevenue une cité magnifique à laquelle sont encore réservées de glorieuses destinées. La raison et le patriotisme, l'union des esprits et l'union des cœurs : voilà comment s'est accompli le prodige.

Pourquoi ne s'est-il pas renouvelé parmi nous ?

Pourquoi, Messieurs ? Votre pensée plus rapide que ma parole a déjà répondu : parce qu'au lieu d'unir les français pour les faire tous concourir à l'œuvre nécessaire du relèvement de la patrie, il y a eu parmi eux des artisans de discorde. Oh ! qu'ils sont insen-

1. II Esdras II-20.

sés, qu'ils sont coupables ceux qui, à l'heure où la France, notre mère commune, nous montrait ses blessures sanglantes et conjurait tous ses enfants de ne faire qu'un cœur et qu'une âme pour la guérir et lui rendre son antique vigueur, ont semé parmi eux l'ivraie détestable des divisions et des haines, créé des catégories de suspects, organisé partout la délation comme aux époques les plus honteuses et les plus sinistres de l'histoire, mis enfin leur talent, leur activité, leur influence au service de la plus criminelle de toutes les œuvres, celle qui consiste à séparer des frères, et à déchaîner sur un pays le démon de la guerre civile. « *Odit Dominus eum qui seminat inter fratres discordias.* » (1).

Dans un de ses discours les plus pathétiques, Jérémie, témoin désolé des dissensions de Jérusalem, met en scène un de ces misérables fauteurs de discordes et lui fait prononcer sur lui-même une terrible imprécation, expression d'un tardif et stérile remord : « O ma « mère, pourquoi m'avez-vous donné le jour ! à moi « qui n'ai été dans mon pays qu'un homme de dis- « pute et de divisions, à moi qui suis maudit par tous « mes concitoyens ? » *Væ mihi mater, quare genuisti me virum rixæ, virum discordiæ in universâ terrâ ? Omnes maledicunt mihi.* (2)

Pardonnez, Messieurs, à l'émotion qui semble m'entraîner trop loin de mon sujet auquel toutefois

1. Prov. vi-19.
2. Jerem. xv-10.

elle nous ramène en nous faisant apprécier davantage, si je ne me trompe, le caractère si éminemment patriotique et social de l'œuvre à laquelle demeurent attachés le nom et le souvenir de l'abbé Thenon.

Il lui a été prématurément enlevé ; néanmoins elle lui survivra. Nous pouvons, en effet, Messieurs, vous redire avec confiance la parole de nos livres saints : « Votre père est mort, mais c'est comme s'il n'était pas mort, car il vous a laissé un héritier qui lui est semblable. » *Mortuus est pater et quasi non est mortuus ; similem enim reliquit sibi post se.* (1)

Les collaborateurs dont s'était entouré l'abbé Thenon, pénétrés de son esprit, de ses intentions, de son dévouement, marcheront sur ses traces et continueront à faire le succès de l'École Bossuet.

Pour nous, messieurs, qui sommes venus rendre hommage à la mémoire de cet excellent prêtre, de ce parfait éducateur, de ce bon citoyen, ne perdons pas de vue, j'ose vous le demander avec instance, le grand enseignement qui ressort de sa vie. Au-dessus des orages et des haines qui menacent de le déchirer, élevons bien haut le drapeau d'une France amie du progrès, mais fidèle à ses antiques traditions ; passionnée pour la liberté, mais absolument convaincue avec l'apôtre qu'il n'y a de vraie liberté qu'avec l'Esprit du Seigneur, c'est-à-dire dans le respect de la loi de Dieu, des droits de la famille et des délicatesses

---

3. Eccl. xxx-4.

sacrées de la conscience. *Ubi spiritus Domini, ibi libertas.* (1)

Laissez un évêque vous redire encore une fois en terminant, la parole de Néhémias à ses concitoyens : *Surgamus et ædificemus.* Oui, Messieurs, travaillons tous ensemble, d'un commun accord, pour relever les ruines de notre pays. Qu'aucune injure, aucune injustice ne nous fasse renoncer à ce travail nécessaire et sacré. Maudits, nous bénirons. *Maledicimur et benedicimus.* (2) Aussi bien, l'Église dont nous sommes les apôtres et les disciples est la fille du Dieu qui s'ap-« pelle la charité ». C'est par la puissance de l'amour et du dévouement qu'elle a vaincu et qu'elle vaincra les oppositions passionnées et haineuses. Un grand orateur de ce siècle l'a dit, et je suis heureux de faire applaudir de nouveau en la répétant au milieu de vous, la fière parole qu'il laissait tomber de la tribune de la Chambre des Pairs le 13 janvier 1845 :

« Contre tous ceux qui la calomnient, qui l'enchaînent ou qui la trahissent, l'Église catholique a depuis dix-huit siècles une victoire et une vengeance assurées : sa vengeance est de prier pour eux et sa victoire est de leur survivre. (3)

---

1. II° Corinth. III-17.
2. I° Corinth. IV-12.
3. M. de Montalembert, *Discours politiques*, tome II. p. 32.

IMPRIMÉ

CHEZ J. MERSCH

A

PARIS

www.ingramcontent.com/pod-product-compliance
Lightning Source LLC
LaVergne TN
LVHW021712080426
835510LV00011B/1739